Ann-Kathrin Hanse

(K)ein Krebsmärchen

story.one – Life is a story

story.one

FSC
www.fsc.org
MIX
Papier aus ver-
antwortungsvollen
Quellen
Paper from
responsible sources
FSC® C105338

1st edition 2024

Production, design and conception:
story.one publishing - www.story.one
A brand of Storylution GmbH

Font set from Minion Pro, Lato and Merriweather.

ISBN: 978-3-7115-2861-2

Gut die Hälfte der Menschen in Deutschland ist im Laufe ihres Lebens von Krebs betroffen. Ich bin eine davon und das ist meine Geschichte.

INHALT

Krebs hat kein Gesicht, bis es dir oder jemandem, den du kennst, gehört.

(Anthony del Monte)

Wie alles begann

Ich erinnere mich noch genau an diesen einen Tag. Es war Anfang April und ich stand draußen vor meiner Haustür. Die Sonne schien in mein Gesicht und erfüllte mich mit ihrer Wärme. Ich war kurz zuvor zu Fuß zu Rossmann gelaufen und hatte ein paar kleine Erledigungen gemacht. Es war eine zufällige Bewegung meiner Hand, die mich etwas Komisches bemerken ließ. Links und rechts über meinem Schlüsselbein war es seltsam dick und schmerzhaft. Ich tastete vorsichtig die Stellen ab. Komisch. Sofort schossen mir angsteinflößende Gedanken in den Kopf. *WAS ZUR HÖLLE IST DAS? WOHER KOMMT DAS?* Ich versuchte mich selbst innerlich zu beruhigen und sagte mir, dass es keinen Grund gab, jetzt auszuflippen. Seit Monaten quälten mich Migräneattacken und Nackenschmerzen. Genau, es musste vom Nacken kommen, versuchte mein Verstand mich zu besänftigen. Um sicherzugehen, vereinbarte ich aber am nächsten Tag direkt einen Termin beim Orthopäden.

Schon in der darauffolgenden Woche bekam ich einen und ging zu dem Orthopäden, der mir schon vorher oft geholfen hatte. Es ist eine größere Gemeinschaftspraxis und ich habe mich dort immer gut aufgehoben gefühlt. Die schmerzhafte Stelle hatte sich nicht verändert. Der Arzt, den ich bereits kannte, betrat das Behandlungszimmer. Er blickte kurz in meine elektronische Krankenakte und begann dann mit seiner Untersuchung. Den Satz „Oh, schon wieder Nackenschmerzen?“ hätte er sich auch sparen können. Seine Worte hinterließen einen bitteren Nachgeschmack und plötzlich fühlte ich mich nicht mehr wohl und gut aufgehoben. Aber jetzt war ich ja nun mal da. Nach seiner Untersuchung, etwas Einrenken und ein einigem Knacken und Knirschen war er mit seiner Behandlung fertig. Dann sagte er mir abschließend, was ich hören wollte.

„Ich kann Ihnen nur empfehlen, die Stelle mit einer Wärmelampe oder einem Körnerkissen zu behandeln. Mehr ist nicht nötig. Das geht von allein wieder weg.“

Zu diesem Zeitpunkt wusste ich nicht, dass ich den Satz "Das geht von allein wieder weg" für den Rest meines Lebens nie wieder vergessen würde. Für den Moment war ich zufrieden mit dieser Antwort. Ich war zufrieden, denn jegliche Zweifel und komische Gedanken aus meinem Kopf verschwanden. Auf meinem Rückweg besorgte ich mir sofort eine Rotlichtlampe und begann, diese täglich zu verwenden. Zusätzlich wärmte ich auch meinen Nacken mit einem Körnerkissen. So würde es mir sicher bald besser gehen. Im Laufe der nächsten Wochen wurde meine Migräne immer schlimmer und so entschieden mein Neurologe und ich, dass eine Dauermedikation für meine unerträgliche Situation das Beste wäre. Das Medikament, welches auch in der Behandlung mit Epilepsie eingesetzt wird, hatte es in sich. Die bekanntesten Nebenwirkungen würden Gewichtsabnahme und Verlust von Appetit bedeuten. Aber da ich mit meinem Gewicht sowieso unzufrieden war, spielte mir das in die Karten. Win–Win-Situation. Keine Migräne mehr und dabei noch schlanker werden. PERFEKT!

Man verliert niemals seine
Stärke. Man vergisst nur
manchmal, dass man sie hat.
(Autor unbekannt)

Irgendetwas stimmt nicht

Ich hatte einen schönen Sommer, bestehend aus Luft und Liebe. Ich reiste und verbrachte Zeit am Meer. Ich dachte nicht mehr daran, dass etwas Ungewöhnliches in meinem Körper vorgehen würde. Aber ich merkte, dass sich etwas veränderte. Ich verlor immer weiter an Gewicht, was ich auf die Migräne-Tabletten zurückführte. Allerdings wuchsen auch kleine Knoten an der rechten Seite meines Halses. Es wurde schlimmer, ebenso meine Nackenschmerzen. Ich wusste, dass ich das nochmal in Angriff nehmen musste. Also rief ich bei einem neuen Orthopäden an. Mein Termin war, aufgrund der hohen Nachfrage, für Juli bestätigt worden. Nun konnte ich weiterhin nur abwarten, ein paar Übungen machen, um meine Nackenschmerzen zu therapieren, und den Sommer genießen. Der Tag, an dem sich alles veränderte, war ein ganz gewöhnlicher Sommertag. Es war warm und als ich die Praxis der Orthopädie betrat, war es schon Spätnachmittag geworden. Mit mir im Wartezimmer saßen nur zwei weitere Patienten. Ich füllte alle Patienteninformationsblätter aus und wartete. Der Arzt war sehr freundlich und hörte mir aufmerksam zu. Ich schilderte ihm im Detail, wie sich alles in den letzten Monaten entwickelt hatte. Mittlerweile war an meinem Hals an der rechten aber auch an der linken Seite eine deutliche Wölbung zu sehen, wenn ich meinen Kopf auf eine Seite legte. Er tastete alles ab und stellte mir dann die Art von Fragen, die ich kannte. Es waren die typischen Fragen, die man stellt, wenn man in der Onkologie arbeitet.

Haben Sie in den letzten Monaten abgenommen? – Ja

Haben Sie Nachtschweiß? – Nein

Er stellte noch mehr dieser typischen Fragen und ich war einfach nur starr vor Angst.

„Das ist, denke ich nichts Orthopädisches. Das sind ihre Lymphknoten, die so dick sind."

Der Arzt bat mich, am nächsten Morgen sofort zu meinem Hausarzt zu gehen. Er legte mir nah, ein Blutbild und eine CT machen zu lassen. Als ich die Praxis verließ, stand ich unter Schock. Geistesgegenwärtig rief ich bei meinem

Hausarzt an. Ich schilderte kurz, was passiert war, und bekam einen Termin für 7 Uhr am Folgemorgen. Dass dieser noch vor der eigentlichen Öffnungszeit der Praxis war, bedeutete, dass es ernst war. Und WIE ernst es war. Mir schossen die Tränen in die Augen. In diesem Moment blieb meine Welt stehen. Ich beschloss, zu meinen Eltern zu fahren. Als ich im Auto saß, weinte und weinte ich. Ich konnte mich nicht mehr beruhigen. Es war nicht primär meine Angst, die zu den Tränen führte, sondern das ich meinen Eltern gleich sagen musste, was los war. Es würde ihnen eben wie mir den Boden unter den Füßen wegreißen. DAS Gefühl war viel schlimmer, als meine Sorge um meine eigene Gesundheit. Als ich das Haus meiner Eltern betrat, weinte ich sofort los. Unter Tränen erzählte ich, was passiert war. Meine Eltern versuchten mich zu beruhigen und sagten, dass wir erstmal abwarten sollten, was der Hausarzt am nächsten Morgen sagen würde. An diesem Abend weinte ich mich zum ersten Mal in den Schlaf.

Dein Leben liegt in Scherben
und das Haus steht in Flammen
Aber alles wird gut (alles wird
gut)
Fühlt sich nicht danach an
Aber alles wird gut, alles wird
gut

(Felix Kummer, "Der letzte
Song")

Alles wird gut!

Freitag, der 29.07.2022. Der Hausarzt nahm mir Blut ab, sein Blick war ernst, während er meinen Hals abtastete. „Ja, das sind die Lymphknoten“, meinte er nur. Er gab mir eine Überweisung für eine CT von Hals und Thorax. Mit einem schlechten Gefühl und der Überweisung verließ ich die Hausarztpraxis.

Für den nächsten Morgen vereinbarte ich einen Termin in der radiologischen Praxis. Im Wartezimmer der Radiologie füllte ich die Patientenaufklärung aus. Dies ist für viele Menschen eine einfache Sache. Allerdings nicht für mich. Wenn es jemanden gibt, der bei der Zuteilung von Allergien „HIER, ICH!“ geschrien hat, dann bin ich das. Ich habe über die Jahre unzählige davon entwickelt. Ich bin gegen diverse Medikamente, Nahrungsmittel und „normale“ Dinge, wie Pflaster oder Insektenstiche, allergisch. Es kam immer diese Frage nach den Allergien und ich füllte jedes Mal mehr als die vorgesehene Reihe aus. Es wurde auch von Mal zu Mal mehr. KONTRASTMITTELALLERGIE schrieb ich auf das Merkblatt. Die Dame, die mich aufrief, um die CT zu machen, musterte kritisch mein Patientenblatt. „Was passiert, wenn Sie Kontrastmittel erhalten?" „Ich fange erst an, mich zu übergeben und dann wird mein Herz langsamer und ich kippe um." „Ok, nein, ich habe keine Nerven für einen Herzanfall." Damit war das Thema Kontrastmittel dann auch vom Tisch. Die Aufnahme der CT-Bilder ging ganz schnell und ich konnte die Praxis mit der CD in der Hand wieder verlassen. Es würde allerdings mindestens eine Woche bis zur Auswertung durch den Radiologen dauern. Also war wieder WARTEN angesagt. Auf der Überweisung meines Hausarztes hatte „Lymphom" gestanden. Natürlich habe ich sofort gegooglet, um alle Informationen zu erhalten. Keine Guten.

Es gibt zwei Arten von Lymphomen. Das Hodgkin-Lymphom und das Non-Hodgkin-Lymphom. Für mich war es eigentlich keine Option, einen bösartigen Krebs zu haben. Ich dachte, es würde sich alles aufklären und ich hätte einfach Nebenwirkungen von meinen Migränemedikamenten. Als Non-Hodgkin-

Lymphom, so las ich im Internet, werden alle bösartigen Lymphome bezeichnet, die kein Hodgkin-Lymphom sind. Die Unterscheidung zwischen Hodgkin und Non-Hodgkin-Lymphomen ist durch die feingewebliche Untersuchung von befallenem Gewebe möglich. Es machte mir keine Angst, mich über diese Dinge zu belesen. Im Gegenteil, ich konnte schon immer besser mit Fakten und Informationen umgehen, wenn etwas auf mich zukam. In Krisensituationen waren mir Fakten lieber, als in Ungewissheit zu leben. Ich hatte so das Gefühl, mehr Kontrolle über eine Situation zu haben. Nach einer Woche lag meinem Hausarzt dann der Bericht meines Radiologen vor. Als ich, in Begleitung meiner Mama, zur Auswertung bei meinem Hausarzt erschien, hatten wir beide wohl mehr erwartet. Allerdings traf uns auch das, was dann passierte, wie ein Schlag. Ich erhielt eine Überweisung zum Onkologen. Ich versuchte, auf andere Gedanken zu kommen, mich selbst innerlich zu beruhigen. ALLES WIRD GUT!

Mut ist nichts anderes, als immer bis zum Ende zu gehen.
(Edith Piaf)

Die Welt bleibt stehen

Ich fuhr mit einem beängstigendem Bauchgefühl zum Termin beim Onkologen. Als ich den dunklen, engen Flur eines großen Gebäudes betrat, ging es mir auch innerlich so, wie ich dieses Gebäude empfand. Es lag eine Schwere in der Luft, ein erdrückendes, beengendes Gefühl. Die Praxis war, im Gegensatz zum Flur, freundlich und hell eingerichtet. Wieder nahm ich im Wartebereich Platz und füllte das gefühlt hundertste Mal ein Patientenblatt aus. Es dauerte ewig, bis ich drankam. Um genau zu sein, über zwei Stunden, die ich mit Warten verbrachte. Ich versuchte mich immer wieder zu beruhigen. Es waren die Blicke der anderen Patienten, die auf mir lagen. Das Gefühl, begutachtet zu werden. Vielleicht war es auch nur mein Empfinden, aber alle, die mit mir in der Praxis waren, waren viel älter als ich. Ich fragte mich, was sie wohl gerade dachten. Vielleicht bedauerten sie mich oder fragten sich, was diese junge Frau beim Onkologen macht. Erst das Aufrufen einer Schwester riss mich von diesen Gedanken los. Bevor ich zu dem Onkologen hereingerufen wurde, wurde mir Blut abgenommen. Fünf-zehn Röhrchen Blut! Da ich so nervös war, hatte ich zuvor nicht gegessen und war nüchtern. Mir machte die Blutabnahme nichts aus, aber fünf-zehn Röhrchen verdeutlichten mir nochmal sehr klar meine Situation.

Das Arztzimmer war klein. Alles war mit Büchern und Figuren vollgestellt. Der Ventilator ließ die Blätter auf dem Schreibtisch flattern. Es war heiß. Ein Arzt mit weißem Kittel und Sandalen betrat den kleinen und stickigen Raum. Er stellte sich mir kurz vor und hörte mir dann aufmerksam zu. Sein Deutsch war eher schlecht, aber seine Worte trafen mich dennoch direkt ins Herz. Er teilte mir mit, dass ich ins Krankenhaus müsse, zur Entnahme einer Gewebeprobe. Das war der erste Schock, in den er mich versetzte. Alles in mir zog sich zusammen. Ich wollte nicht ins Krankenhaus. Ich fragte, ob man das nicht ambulant machen könne, aber er schüttelte den Kopf. Ich fühlte mich wie gelähmt. Der zweite Schock folgte, als er sagte, dass er meinen Fall in der Tumorkonferenz am Abend vorstellen wollte.

Von da an saß ich wie gelähmt auf dem Stuhl vor seinem Schreibtisch im kleinsten stickigsten Raum, in dem ich je gesessen hatte und der gefühlt immer enger und kleiner wurde. Ich habe nur noch funktioniert wie eine Marionette. Alles um mich herum fühlte sich an wie eine Hülle. Ich konnte für die nächsten Minuten nichts mehr empfinden. Als ich die Praxis verließ, wurde mir so schwindelig, dass ich mich hinsetzen musste. Mir war schwarz vor Augen, dann kamen die Tränen. Es war ein verzweifeltes Weinen. Es zerriss mich innerlich und Angst umgab mich. Ich weiß nicht, wie lange ich geweint habe, bis ich meine Mama angerufen habe. Ich erzählte ihr, was passiert war. Sie weinte sofort. Ich saß noch eine ganze Zeit auf der Bank vor der Praxis. Die Menschen liefen an mir vorbei, ich nahm niemanden mehr wahr. In diesem Moment blieb meine kleine Welt einfach stehen, während sich die Welt um mich herum weiterdrehte.

Das Mutigste, was ich je getan habe, war weiterzuleben, als ich eigentlich sterben sollte.
(Autor unbekannt)

Hoffentlich nur ein Traum

Es war ein Dienstag, an dem meine Mama und ich die onkologische Ambulanz des Krankenhauses betraten. Wir nahmen vor der Tür zur Ambulanz Platz und warteten auf den Oberarzt. Er war ein großer, schlanker Mann, der uns freundlich aufforderte, mit in sein Büro zu kommen. Er erklärte uns in einer ruhigen Tonlage, was die möglichen Ursachen für meine angeschwollenen Lymphknoten sein könnten. Als das Wort „Hodgkin" fiel, schreckte ich innerlich zusammen. Er erklärte uns, dass er Material bräuchte, um bestimmen zu können, womit wir es zu tun haben. Es gab die Möglichkeit, entweder eine Knochenmarkpunktion und eine Probenentnahme oder erstmal nur eine Probenentnahme zu machen. Ich entschied mich für beides, da meine innere Stimme mir sagte, dass es mir vermutlich sowieso nicht erspart bliebe. Er rief direkt bei den HNO-Ärzten an und vereinbarte einen Termin für die Entnahme für den kommenden Freitag. Ok, das kam unerwartet. Zu schnell. Alles in mir drehte sich. Ich nahm die Hand meiner

Mama. Er teilte uns mit, dass wir bereits am nächsten Tag eine stationäre Aufnahme machen würden und ich dann bis Montag im Krankenhaus bleiben würde, wenn alles gut läuft. Die Knochenmarkpunktion würde er persönlich dann morgen machen mit einer leichten Sedierung und unter strenger Aufsicht meiner Vitalwerte. Es war nämlich nicht klar, ob ich allergisch auf das Betäubungsmittel reagieren würde. In diesem Moment lag meine größte Angst auch genau bei diesem Punkt. Meine Erfahrungen in Bezug auf meine Allergien waren schlecht.

Zweimal war ich bereits durch meine Allergien in eine gefährliche Situation geraten. Beim ersten Mal war ich während einer Impfung ohnmächtig geworden und dachte, man würde mir mein Herz bei lebendigem Leib ausreißen. Bei dem anderen Mal hatte ich nicht mehr aufhören können, mich zu übergeben, bis ich dachte, ich müsse sterben, weil mein Herz immer langsamer und ich immer schwächer wurde. Beide Male hatte es keiner der anwesenden Ärzte für nötig gehalten, mich notfallmäßig in ein Krankenhaus zu bringen oder meine Symptome vollständig ernst zu nehmen.

Diesmal hatte ich das Gefühl, dass der Arzt ganz genau wusste, wie ernst die Lage werden könnte. Dennoch war ich geprägt von meinen negativen Erfahrungen. Im Anschluss an das Gespräch machte er noch einen Ultraschall meines Lymphknotens, meiner Leber, meiner Milz. Er nahm sich immer viel Zeit, um mir alles zu erklären und sagte mir, dass es gut wäre, dass meine Leber und meine Milz nicht vergrößert sind.

Erneut weinte ich mich in den Schlaf. Eine Mischung aus Angst, Verzweiflung und Unwirklichkeit umgab mich. Ich konnte nicht begreifen, was gerade passierte.

Jeder den du triffst, kämpft einen eigenen Kampf, von dem du nichts weißt. Sei freundlich. Immer.
(Robin Williams)

Kämpfe!

Ich betrat das Krankenhaus allein. Ich konnte mich besser beruhigen, wenn ich vor schwierigen Situationen in mich gehen konnte. Ich atmete ein paar Mal tief ein und aus und trat an den Empfang. Dann bekam ich ein Einzelzimmer. Mein Körper entspannte sich etwas. Ich hatte zu diesem Zeitpunkt keine Nerven, um einen Small Talk mit jemandem zu führen, also öffnete ich das Fenster, atmete die frische Luft ein und wurde innerlich ruhiger. Dann wurde ich zum Eingriff für die Knochenmarkpunktion abgeholt. Der Oberarzt war ebenfalls ruhig und ich versuchte, seine Gelassenheit auf mich zu übertragen. Ich lag auf der Liege. Über einen Zugang in meinem Arm wurde ich mit kleinsten Mengen sediert. Wir warteten immer fünf Minuten und er überwachte genau meine Vitalwerte. Zur Sicherheit stand der Reanimationswagen mit im Raum. Wir unterhielten uns und ich war innerlich gefasst und entspannt. Könnte an der Sedierung gelegen haben. Es fühlte sich allerdings nicht an wie eine scheiß-egal-Situation. Ich war mir sehr bewusst, dass der Eingriff schmerzhaft werden würde. Zudem habe ich wohl sehr sensibel auf kleinste Mengen Betäubungsmittel reagiert, denn er sagte zu der Krankenpflegerin, dass wir auf keinen Fall mehr Narkosemittel benötigen würden als die kleine Menge, die ich erhalten hatte. Die Stelle wurde örtlich betäubt. Auch hier reagierte ich nicht allergisch. Lediglich meine Sauerstoffsättigung und mein Puls wurden minimal niedriger. Es war aber noch kein Grund, in Panik zu verfallen.

Bei einer Knochenmarkpunktion wird eine Gewebeprobe aus dem Knochenmark entnommen. Sie wird mit einer speziellen Punktionsnadel aus dem Beckenknochen oder selten aus dem Knochenmark des Brustbeins entnommen. Der Arzt saugt dabei Knochenmarkzellen an. Was in der Theorie in meinen Augen schon schmerzhaft klingt, ist in Wirklichkeit noch viel schlimmer.

Ein unausweichlicher stechender Schmerz durchzog meinen ganzen Körper und strahlte dann in mein rechtes Bein aus. Irgendwann war ich vor Schmerz so betäubt, dass ich nichts mehr spürte. Ich spürte, wie es sein musste, wenn man vor Schmerzen ohnmächtig wird. Zurück auf meinem Zimmer, erholte ich mich den Rest des Tages. Ich hatte noch immer Schmerzen, aber diese waren durchaus erträglich.

Bereits vor der Knochenmarkpunktion hatte ich auf meinem Handy Abschiedsnachrichten verfasst. Nur für den Fall, dass mir etwas passiert. Ich wollte auf jedes mögliche Szenario vorbereitet sein. Ich verfasste eine Nachricht an meine Eltern und meinen Bruder. Es waren keine langen Texte. Aber die würden im worst case ihren Zweck erfüllen.

Vertraue darauf, dass alles einen
Sinn ergeben wird.
(Autor unbekannt)

Die erste OP

Freitag. Tag der Entnahme. Meine erste Operation. Bisher hatte ich einen OP-Saal nur bei Grey's Anatomy im Fernsehen gesehen. In meiner Vorstellung war der OP-Saal immer viel größer gewesen. Mit mehr Menschen. Aber der OP-Saal war klein. Es liefen drei Krankenschwestern umher, die alles zusammensuchten. Ich kletterte von meinem Bett auf den Operationstisch. Eine schmale Liege mit einem verstellbaren Kopfteil und bedeckt mit weißen Tüchern. Ich wurde mit einem Gurt festgeschnallt und mit einer grünen Baumwolldecke bis zum Gurt in der Mitte meines Bauches zugedeckt. Ich weiß noch, dass ich rumgescherzt habe. Galgenhumor, würde ich sagen. Aber ich wollte diese Situation unbedingt so gut es geht meistern und vor allem hinter mich bringen.

Dann kam die operierende Ärztin zu mir. Sie stellte sich mir freundlich vor und tastete die zu operierende Stelle ab. Mit einem Stift zeichnete sie die Länge des Schnitts auf. Ich fühlte ganz genau, wie lang sie den Strich zog. Trotzdem versuchte ich, ruhig zu bleiben. Ich war im OP-Saal. Festgeschnallt auf dem OP-Tisch. Mir blieb also keine andere Wahl. Ich musste mich machtlos dieser Situation ausliefern. Das blaue Operationstuch war über meinen Kopf gespannt. Ich stellte mir einfach vor, in einem Zelt zu sein, wie in Kindertagen. Die betroffene Stelle am Hals wurde betäubt. Es waren viele tiefe und nicht ganz so tiefe Nadelstiche. Nicht angenehm, aber erträglich. Meine Haut wurde mit Jod gereinigt. Die Operation begann. Es verging viel weniger Zeit als ich dachte. Gerade mal zwanzig Minuten hatte es gedauert, mich für die Operation vorzubereiten. Ich spürte den Druck des Skalpells auf meiner Haut, jedoch keinen Schmerz. Ich konnte fühlen, wie die Haken in die offene Stelle eingesetzt wurden. Und ich hörte natürlich die Anweisungen der Chirurgin an die Assistenz. Das machte es nicht besser. Ich hatte alle Folgen Grey's Anatomy mindestens zweimal gesehen und kannte zu viele medizinische Fachbegriffe. Ich wusste bei jeder Ansage ganz genau, worüber sie gerade sprachen und wie das Teil aussehen würde, welches in meinen Körper eingesetzt wurde. Ich versuchte mich abzulenken, gedanklich in eine andere Welt zu fliehen. Das funktionierte auch recht gut. Bis die Betäubung nachließ. Ich spürte den Schmerz. Er durchdrang meinen Körper. Ich wusste, dass ich mich keinen Millimeter bewegen durfte, da ich aufgeschnitten auf dem Operationstisch lag. Es wurde nachbetäubt. Fünfmal war dies erforderlich. Meine Sauerstoffsättigung, die zu Beginn bei 100 Prozent gewesen war, war mittlerweile auf 95 Prozent gesunken. Mein Blutdruck lag bei 86 zu 74. Mir ging es nicht gut. Ich hielt es aus. Ich hielt durch. Und irgendwann sagte die Chirurgin endlich die erlösenden Worte: „Ich nähe noch und dann sind wir fertig. Sind Sie noch da?" „Danke", war das Einzige, was ich noch hervorbrachte. Erleichterung machte sich in mir breit. Ich hatte anderthalb Stunden so ruhig gelegen und mich nicht bewegt, dass die Menschen im OP-Saal zwischenzeitlich dachten, ich wäre bewusstlos geworden oder hätte doch eine Vollnarkose gehabt. Dem war nicht so. Ich war fünfmal an meine absolute Schmerzgrenze gegangen.

Es ist schwer, wenn man etwas akzeptieren muss, was man weder kann, noch will.
(Autor unbekannt)

Leben im Albtraum

Die Albträume, die danach folgten, verdeutlichten mir, dass alles eben nicht so vorbei war, wie ich es mir gewünscht hätte. Nacht um Nacht träumte ich immer wieder von dieser Operation. Ich durchlebte die Schmerzen immer wieder von vorn. Es fühlte sich an, als würde ich im Schlaf schreien. Tagsüber versuchte ich mich abzulenken. Es würde ungefähr zehn Tage dauern, bis die Ergebnisse von der Knochenmarkpunktion und der Entnahme des Lymphknotens aus dem Labor vorliegen würden.

Dienstag, 31.08.2022, Onkologische Ambulanz, 10 Uhr morgens. Gefühlt haben meine Mama und ich ewig gewartet bis der Oberarzt zu unserem Gespräch für die Ergebnisse erschien. Ich war unruhig und hatte Angst. Mir war mehr als bewusst, dass die nächsten Minuten allesentscheidend sein würden. Krebs oder nicht. Leben wie immer oder nicht. Mein Leben würde sich, egal, mit welcher Diagnose ich dieses Krankenhaus verlassen würde, nun ändern.

Das wusste ich. Jedes Mal, wenn eine Tür aufging, zuckte ich innerlich ein Stück weiter zusammen. Mir war schlecht. An Essen war in den Tagen zuvor nicht zu denken gewesen. Dann verlor ich jedes Gefühl von Zeit, denn der Oberarzt kam und wir folgten ihm in sein Büro. Den folgenden Satz werde ich nie wieder vergessen.

„Man hat sicher schon mit Ihnen geredet?"

„Nein."

„Es ist ein Hodgkin Lymphom."

Ich griff die Hand meiner Mama noch fester. Tränen schossen in meine Augen. Ich hatte das Gefühl den Halt zum Stuhl zu verlieren. Ich versuchte mich zu fangen, die Tränen herunterzuschlucken, die wie ein Kloß in meinem Hals stecken blieben. Krebs. *Ich habe Krebs*, schoss es immer wieder durch mich hindurch. Er schrieb auf einen kleinen Zettel alles auf und fuhr fort: „Hodgkin Lymphom, B-Symptom: Gewichtsabnahme, BSG erhöht – 1 Faktor, 3 Lymphknoten betroffen – Stadium II B Rf. 1 und 2. Chemotherapie mit 2 x BEACOPP eskaliert und 2x ABVD, danach PET- Kontrolle, bei vorhandener Aktivität folgt Strahlentherapie 30 Einheiten." Er schob uns den kleinen Zettel zu.

„Sie werden Ihre Haare verlieren."

DAS war der schlimmste Satz! Tränen brachen aus mir heraus, liefen über mein Gesicht. Ich hätte zu diesem Zeitpunkt alles ertragen können, aber nicht, meine Haare zu verlieren. Ich hätte ALLES in Kauf genommen, jede OP, WACH, ALLES! Aber meine Haare. Meine Weiblichkeit ... das Gefühl von *schön sein*. Alles in mir zerbrach in tausend Teile. Ich fühlte mich wie eine Hülle. Mein Inneres verschwand tief in mir. Ich wusste eigentlich nichts in diesem Moment, aber, mir schlagartig bewusst, dass ich schnellstmöglich mit der Chemotherapie beginnen wollte. Ich wollte nicht warten. Ich musste jetzt kämpfen!

Viel mehr, als unsere
Fähigkeiten, sind es unsere
Entscheidungen, die zeigen, wer
wir wirklich sind.
(Albus Dumbledore)

Ausstattung zur Superheldin

So kam es, dass ich meine erste Chemotherapie schon in derselben Woche, an einem Freitag, beginnen würde. Aufgrund meiner ganzen Allergien würde ich diese stationär bekommen. Das war auch die größte Sorge des Oberarztes. Würde ich die Chemotherapie überhaupt vertragen? Ich hoffte es innigst, denn es war meine einzige Chance zu überleben. Bei guter Verträglichkeit lag diese Chance bei 95 Prozent. Das sah ich als Geschenk an, denn 95 Prozent waren in meinen Augen eine ganze Menge, wenn man bedenkt, dass ich laut meinem Arzt Weihnachten ohne Therapie nicht mehr erleben würde. Ich wollte es schaffen! Ich wollte es schaffen, aber ich hatte auch eine riesige Angst und fühlte mich zugleich unglaublich leer. Ich funktionierte nur noch. Es wurde noch ein Ultraschall gemacht. Zum Glück waren dort keine Metastasen erkennbar. Leber und Milz ohne Befund. Aber ich nahm das gar nicht mehr wahr. Danach waren wir zur OP-Aufklärung für meinen Port. Ich war zwar körperlich anwesend, konnte aber nichts mehr von dem verstehen, was mir erklärt wurde.

Unter einem Portsystem, oder kurz Port, versteht man ein implantiertes Kathetersystem. Dieses ermöglicht es, von außen durch die Haut zu punktieren und über einen dauerhaften Zugang zum venösen Gefäßsystem die Chemotherapie anzuschließen. Ohne den Port wären meine Venen vielleicht danach kaputt.

Als wir das Krankenhaus verließen und auf einer Bank davor Platz nahmen, weinte ich erneut. Meine Mama, die ebenfalls völlig aufgelöst war, rief meinen Papa und meine Tante an. Was genau sie gesagt hat, weiß ich nicht mehr. Ich war nur noch ein Schatten meiner selbst. Ich stand einfach unter Schock. Alle standen unter Schock.

Nach der Diagnose wollte ich erstmal kurz allein sein. Ich weinte mich so richtig leer. Ich schrie und weinte, bis ich in meinem Bett in Embryostellung zusammengekauert liegenblieb. Irgendwann konnte ich mich langsam beruhigen. Nach und nach realisierte ich, dass ich am darauffolgenden Morgen wieder ins Krankenhaus müsste. Wieder eine Operation haben und wieder ohne Betäubung wach sein würde. In dieser Nacht schlief ich nicht. Zu groß waren meine Ängste und Sorgen. Ich begann, Dinge über die Chemotherapie zu googeln und mich damit zu beschäftigen, was auf mich zukommen würde. Ich versuchte, meiner Angst mit Wissen zu begegnen. Angst entsteht durch Ungewissheit. Ich schaute mir Operationsvideos einer Port-OP an und las viele Erfahrungsberichte über Chemotherapien. Dabei stieß ich auf eine Facebookgruppe, in der Menschen mit Hodgkin-Lymphom waren, bei der ich mich gleich anmeldete und zu lesen begann. Es war die Realität, aber ich fühlte mich noch in einem Paralleluniversum gefangen. Zu diesem Zeitpunkt hatte ich keine Vorstellung davon, wie manche Menschen mit Hodgkin es schaffen, so positiv mit allem umzugehen. Ich war weit, sehr weit entfernt davon, mich innerlich positiv oder kämpferisch zu fühlen.

Vertrauen ist die schönste Form
von Mut.
(Autor unbekannt)

Die zweite OP

Am nächsten Morgen fuhr ich mit meiner Mama ins Krankenhaus. Mittlerweile waren wir schon routiniert darin, die Anmeldung zu beschreiten. Als wir oben auf Station Neun ankamen, setzten uns in den Wartebereich. Ich bekam ein Bett zugeteilt, in dem ich auf meine Abholung zur OP wartete. Ich verabschiedete mich bereits in der Zimmertür von meiner Mama. Ich ertrug den Schmerz nicht, dies erst zu tun, wenn sie mein Bett in den OP-Saal schieben würden. Ich wollte nicht, dass meine Mama sehen würde, wie mein Bett von ihr weggeschoben wird. Ich wollte ihr diesen Schmerz und dieses Leid ersparen und mir selbst die Zeit nehmen, um mich innerlich zu beruhigen und etwas zu mir zu finden. Wir umarmten uns und sie ging. Ich zog erneut mein OP-Hemd an, packte meine privaten Gegenstände in eine Kiste und wartete. Neben mir kamen noch zwei weitere Patientinnen ins Zimmer, die ebenfalls auf eine Operation warteten. Mir war nicht nach Reden zumute. Ich wollte auch nicht in die Situation kommen, bemitleidet zu werden.

Ich wollte das einfach durchstehen. Zwischendurch kam immer mal wieder ein lustiger Pfleger rein, der Witze machte und mich etwas aufmunterte. Es dauerte ewig, bis ich dann endlich zur Operation abgeholt wurde.

Ich wurde in den OP geschoben. Diesmal ein Operationssaal weiter vorn. Ich wurde zuerst in einen kleinen Vorraum gebracht und dort abgestellt. Die Operationsassistentin schob dann mein Bett in den OP-Saal und ich kletterte erneut rüber auf den Operationstisch. Mir war unglaublich schlecht und ich fragte direkt nach etwas gegen meine Übelkeit. Diese würde nämlich nach meiner Erfahrung durch die örtliche Betäubung nur noch schlimmer werden. Ich musste jedoch warten, bis der zuständige Chirurg mir etwas geben konnte. Er war, soweit ich es unter seiner Maske erkennen konnte, sehr jung. Es war schwer, ihn zu verstehen, da sein Akzent recht undeutlich war. Daher musste ich öfter nachfragen, wenn ich seinen Worten nicht richtig folgen konnte. Das lag aber mitunter auch an meiner Nervosität. Das Messgerät an meinem Finger veranschaulichte mein Inneres mit einem Puls von 126. Der Port sollte auf der rechten Seite eingesetzt werden. Die Stelle liegt oberhalb des Schlüsselbeins in der leichten

Kuhle, welche man ertasten kann. Der Chirurg erklärte mir, dass er den kleinsten Port gewählt hatte, da man diesen nicht sehen könne und ich noch so jung sei. „Nett von ihm", dachte ich, wobei mir das eigentlich in diesem Moment egal war. Ich hatte keine Meinung zu dem Thema und schon gar nicht auf dem Operationstisch, kurz vor meiner nächsten Wach-OP. Es war so heiß unter dem Operationstuch, dass mir der Schweiß an meinem Körper herunterlief. Ich schloss meine Augen und spürte immer wieder einen Druck, weil der Chirurg versuchte, den Port tief in dieser Kuhle zu platzieren. Es schien ziemlich zu bluten, denn immer wieder wurde verödet. Wir kamen nach einer gefühlten Ewigkeit zum schwierigen Teil. Der Chirurg stöhnte, da meine Venen wohl schon auf den ersten Blick fein und zart waren. Aber dann hatte ich es geschafft. Der Port war gelegt. Nach zweieinhalb Stunden hatte ich es geschafft. Ich hoffte innigst, dass das erstmal meine letzte Operation sein würde.

Eine Krankheit genügt, um das ganze Leben zu verändern.
(Autor unbekannt)

Das etwas andere erste Mal

An einem Freitagmorgen ging es dann wieder ins Krankenhaus, diesmal zur ersten Chemotherapie. Ich war etwas nervös, weil ich nicht wusste, was genau auf mich zukommen würde. Umso erleichterter war ich, dass ich ein Einzelzimmer bekommen hatte und mit meiner Mama erstmal in Ruhe auspacken und ankommen konnte. Der Oberarzt kam zu uns und erklärte, dass wir am Nachmittag mit der Chemo beginnen würden. Mein Port wurde das erste Mal angestochen. Der Schmerz war erträglich und ich wusste auch, dass das nur wehtat, weil alles noch so frisch und ein großer Bluterguss sichtbar war. Eine Assistenzärztin nahm mir Blut ab, untersuchte meine Lunge und tastete meinen Bauch ab. Alles war in Ordnung und so konnte meine erste Chemo starten. Ein voller Infusionsständer wurde ins Zimmer geschoben. Der Oberarzt erklärte mir anhand meines persönlichen Chemo-Plans, was genau jetzt auf mich zukommen würde. Ich würde, wie vorab geplant, drei Tage stationär im Krankenhaus bleiben und wenn ich fit wäre, könnte ich

Sonntag wieder entlassen werden. Auf dem Plan war genau eingetragen, welche Art Chemo, in welcher Menge und Geschwindigkeit ich bekam. Diese Aufklärung und der Plan gaben mir wieder ein Gefühl von Sicherheit. Es hingen zwei Beutel mit je tausend Milliliter an dem Ständer und zusätzlich eine rote Flüssigkeit in einem kleinen Beutel, das müssten so 250 Milliliter gewesen sein. Ich nannte die rote Flüssigkeit „Aperol", weil das einfach netter klang und nicht so beängstigend. Die rote war auch die härteste der Flüssigkeiten, passte also hervorragend zu meiner Benennung. Zusätzlich zu den drei Beuteln bekam ich noch Cortison Tabletten, Blasenschutz Tabletten und vorab zwei weitere Mittel über meinen Port gespritzt. Das eine gegen mögliche Übelkeit und das andere zum sofortigen Blasenschutz. Dann ging es los. Das Aperol wurde zuerst angeschlossen. Ich durfte mich in dieser Zeit nur so wenig wie möglich bewegen, weil es so aggressiv war. Nach kurzer Zeit fühlte ich mich wie angetrunken. Ein schönes Gefühl. Eines, bei dem man denkt, man ist schon recht gut dabei, sich aber noch blendend fühlt. Der Oberarzt lächelte, als ich ihm auf seine Frage, wie es mir gehe, mit genau diesen Worten antwortete. Wir waren alle erleichtert, dass ich anscheinend keine allergischen Reaktionen zeigte. Ich hatte ein extremes Durstgefühl, schon nach dem ersten Beutel. Aber ich hatte auch gelesen, dass es gut sei, viel zu trinken, um das *Gift* schnell wieder aus dem Körper und besonders aus der Blase zu spülen. So trank ich am ersten Chemotag, zusätzlich zu der Flüssigkeit durch die Chemobeutel rund drei Liter. An meinem ersten Chemotag lernte ich auch Anne kennen, die Psychoonkologin. Ich war unglaublich dankbar, dass sie mir zur Seite stand und ich erzählte ihr von meinen Ängsten, besonders von der Angst, meine Haare zu verlieren. Dies würde wohl so circa vierzehn Tage nach Beginn der ersten Chemo eintreten. Sie zeigte mir eine Kiste mit Mützen, die ehrenamtlich genäht wurden, und ich durfte mir welche aussuchen. Wir sprachen über eine Perücke und sie empfahl mir einen großen Laden in Vehlen, von dem sie bisher immer nur Gutes gehört hatte. Wir redeten auch über die Wachoperationen und meine immer wiederkehrenden Erinnerungen daran. Dazu machten wir eine Meditation und ich spürte, wie mein Körper ruhiger wurde.

Die Kunst ist es, einmal mehr aufzustehen, als man umgeworfen wird. (Winston Churchill)

Im Kampfmodus

An einem Samstag, meinem zweiten Tag Chemotherapie, hatte ich immer noch viel Durst, trank diesmal fast fünf Liter. Ich hatte Durchfall und Kopfschmerzen, aber sonst fühlte ich mich recht fit und gut. Seit Tagen konnte ich sogar wieder etwas mehr essen. Ich hatte zum Glück kein Fieber und schaffte es nach meinem Chemobeutel, noch eine Runde spazieren zu gehen. Am Abend des zweiten Tages war mir danach, noch etwas frische Luft zu schnappen, und ich setzte mich zu einem Mann auf den Raucherbalkon. Wir kamen schnell ins Gespräch und ich war dankbar dafür. Wir machten uns gegenseitig Mut und gaben uns Hoffnung. Es war mein erster richtiger Kontakt zu einem *Leidensgenossen.* Außerdem redeten wir über Ernährung und tauschten uns aus. Ich konnte ihm einige Tipps geben und war stolz, dass ich mein Wissen weitergeben konnte. Es erinnerte mich an meine Zeit auf Station und wie ich den Patienten früher als Diätassistentin helfen konnte. Nun, da ich aber im selben Boot saß, bekamen diese Ernährungstipps nochmal eine ganz andere, viel bedeutsamere Wirkung. Ich hatte schon zwei Tage Chemotherapie hinter mir und es ging mir psychisch und körperlich wirklich gut. Wir tauschten direkt unsere Handynummern aus und versprachen uns, in Kontakt zu bleiben und uns gegenseitig hochzuziehen, wenn jemand von uns mal schwächeln würde. Und wir schlossen den Pakt, zu kämpfen! Aufgeben ist keine Option! Manchmal kommen Menschen in dein Leben, die du sofort ganz fest in sein Herz schließt. Stefan war einer dieser Menschen, die mir sofort wichtig wurden. In dieser Nacht schwitzte ich viel, konnte aber dennoch recht gut schlafen. Das Komische war, dass mein Symptom von Nachtschweiß erst anfing, als meine Diagnose feststand. Nachtschweiß ist in keiner Weise mit normalem Schwitzen zu vergleichen. Gefühlt läuft man aus. Das Bettlaken, die Bettdecke und das Kopfkissen sind richtig nass. So nass wie nach dem Duschen. Ich hatte nie eine Vorstellung davon, wie schlimm das war, bis ich es selbst erlebte. Der Nachtschweiß hielt auch eine ganze Zeit lang an. Ich fand es seltsam, dass ich bei einem Mittagsschlaf nicht schwitzte. Wie konnte mein Körper den Unterschied erkennen? Am dritten Tag, an einem Sonntag, konnte ich schon fühlen, dass sich mein Krebs verändert hatte. Die Knoten an meinem Hals waren kleiner als zuvor. Ich musste mein Glück direkt mit meiner Familie mitteilen. Alle freuten sich so sehr und konnten es ebenfalls tasten. Dieser Moment löste tief in mir etwas aus. Ein Funken von Hoffnung entsprang aus meinem Innersten. Nun wusste ich, dass sich das alles schon gelohnt hatte. Ich machte es mir von da an täglich zur Aufgabe, meinen Krebs zu ertasten. Es folgten erstmal vier Tage Pause, bevor es an einem Freitag mit der nächsten Chemo weiterging. In den Tagen ging es mir körperlich gut und ich fühlte mich recht fit. Ich nahm mir fest vor, jeden Tag einen kleinen Spaziergang zu machen. Mal war ich mit Mama ein bisschen Dekoration kaufen, mal war es ein kleiner Besuch bei Lidl oder eine Runde im Park. Ich hatte gelesen, dass Knochenschmerzen vermeidbar oder zumindest stark eingrenzbar sind, wenn man sich jeden Tag etwas bewegt. Und Knochenschmerzen waren etwas, das ich in jedem Fall vermeiden wollte.

Schönheit fängt in deinem Kopf
an, nicht im Spiegel.
(Lieblingsmensch)

Spieglein an der Wand...

Ich wachte morgens auf, es war der 15.09.2022, Welt-Lymphom-Tag. Mich durchströmte ein komisches Gefühl, ein Ziehen bis tief in meinen Magen. Ich hatte mit einer Mütze geschlafen, nur um mich langsam an das Gefühl zu gewöhnen. Als ich die Mütze abnahm, war mir schlagartig klar, dass DIESER Tag gekommen war. Es war dieser Tag, an dem ich meine Haare verlieren würde. Meine Mütze war voll mit Haaren. Über Nacht war etwas in meinem Körper passiert, ich konnte es sofort spüren. Ich konnte meine Haare in großen Büscheln herausziehen. Tränen schossen mir in die Augen, mein Magen zog sich so zusammen, dass ich mich übergeben musste. Schmerz zerriss mein Herz in tausend Teile. Es war dieses Gefühl der vielen Haare in meinen Händen, im Waschbecken, auf dem Boden, einfach überall, das es so unerträglich machte. Ich schrieb meiner Mama, dass nun der Tag X wäre und bat sie, in Vehlen im Geschäft, wo ich mir eine Perücke hatte reservieren lassen, anzurufen. Es war kein langsamer Prozess, es waren gefühlt und sichtbar alle Haare, die sofort von meinem Kopf fielen. Ich hatte vorher gelesen, dass die meisten Patienten unter der Chemotherapie ihre Haare verlieren, weil alle schnell wachsenden Zellen zerstört werden. Krebs besteht aus schnell wachsenden Zellen, Haare und Blutzellen allerdings auch. Die Chemotherapie kann nicht zwischen guten und bösen Zellen unterscheiden. Meine Haare fühlten sich an wie verbrannt. Ein bisschen wie früher als man seiner Barbie Puppe die Haare geföhnt hat und dann feststellte, dass die Haare verbrennen. Sie waren ganz strohig, fast filzig. In Vehlen bekamen wir einen Raum zugeteilt und warteten. Papa lenkte sich mit Comicbüchern, die auslagen, ab und ich mit meinem Handy. Ich versuchte, stark zu sein, nicht zu weinen. Eine Dame rasierte meine restlichen Haare ab, oder um es netter zu sagen: Sie nahm sie ab. Aber nett war das alles sowieso nicht, also war Abrasieren eher das Wort, was der Härte der Situation entsprach. Augen zu und durch. Ich wollte nicht, dass der Spiegel abgehängt wird, ich wollte diesen Schritt sehen und durchstehen. Ich hörte die Maschine und sah, wie meine Haare zu Boden fielen. Ich weinte nicht. Ich stand das durch. Ich biss meine Zähne fest zusammen und blieb stark. Dann passierte etwas, das ich niemals für möglich gehalten hätte. Mit meinen Haaren fiel auch meine Angst zu Boden. Dieser Tag, vor dem ich die meiste Angst gehabt hatte, war nun da, er war eingetreten, ich stand meinen Ängsten direkt gegenüber. Ich würde den Kampf über diese Angst nun gewinnen. Ich würde meine Ängste packen und sie würden fallen, wie meine Haare. In mir wuchs eine Stärke und Kraft, die ich niemals vermutet hätte. Es war dieser Moment, in dem ich dachte, ich würde alles verlieren, der mich nun jedoch zu einem Menschen machte, der überzeugt war, alles, wirklich alles im Leben schaffen und durchstehen zu können. Sich von nichts und niemandem, und vor allem nicht von dem Krebs, einschüchtern zu lassen. Als meine Haare einen neuen Zwei-Millimeter-Schnitt hatten, fühlte ich mich, so surreal das klingen mag, unbesiegbar. Mein neuer Spruch, den ich vorher gelesen hatte, war: „Optik macht keine Schönheit“. Und das nahm ich mir an. Die Last und Angst vor diesem Tag waren so viel größer gewesen als das Endergebnis.

Und jetzt bist du ein Stern am Himmel.
(Autor unbekannt)

Für Stefan

Manchmal hat man das Gefühl, eine Person schon ewig zu kennen, weil man sich ihr direkt tief verbunden fühlt. So begann die Geschichte von Stefan und mir. Ich habe Stefan während meiner ersten Chemo kennengelernt, als ich mich abends auf den Raucherbalkon zu ihm setzte. Wir kamen direkt ins Gespräch, welches schnell sehr tiefgründig wurde. Wir erzählten uns unsere Geschichte und waren uns, trotz unseres Altersunterschiedes, in vielen Lebensweisen sehr ähnlich. Stefan war 53 Jahre alt und hat eine 27-jährige Tochter. Er hat sein Leben lang immer hart und viel gearbeitet. Oft hat er mehrere Jobs gemacht, um sich über Wasser zu halten. Sicher hat er kein einfaches Leben geführt, aber er hat niemals aufgegeben. Seine Art war herzlich und erwärmend und sein Wesen eines von der Sorte, mit der man gern Zeit verbringt. Schnell wurde „Aufgeben ist keine Option“ zu unserem Kampfspruch. Wir wollten ihn uns tätowieren lassen und zu unserem Motto machen. Wir schrieben uns jeden Tag bei WhatsApp Nachrichten, erkundigten uns nach dem anderen und gaben uns Hoffnung und Kraft. Es waren jedes Mal Nachrichten, die von Herzen kamen. Es entstand innerhalb von wenigen Tagen eine tiefe Verbindung und Freundschaft, die man nur verstehen kann, wenn man das Glück hat, so einen Menschen in seinem Leben zu treffen. Aber manchmal schlägt das Schicksal hart zu und der Krebs noch härter. So ging es Stefan plötzlich schlechter ... viel schlechter. Als ich ihn nach meiner ambulanten Chemotherapie des zweiten Zyklus besuchte, war er sichtlich um mindestens fünfzehn Jahre gealtert. Aber ich hatte eine Mission, wusste um seine Verschlechterung, hatte tagelang mitgefiebert und gehofft, gebetet und an ihn gedacht. Mein Ziel war es, an diesem Tag ein Lächeln in sein Gesicht zu zaubern. Hätte ich gewusst, dass es unser letztes Treffen sein würde, hätte ich ihm noch so viel mehr gegeben. Es war unsere Vorstellung, bald zusammen Bier zu trinken, über das Leben zu philosophieren und gemeinsam über alles zu lachen, die ihn lächeln ließ. „Auf einem Bier kann man nicht stehen", scherzten wir gemeinsam. Ich spürte tief in mir, dass es das Gefühl von Leichtigkeit und Freiheit war, welches ihn in diesem Moment umgab. In mir war es dieses Gefühl, welches ich von früher kannte. Eines, das man auf der Onkologie viel zu oft kennenlernen muss. Das Gefühl für die Zeit des Abschiedes. Ich dachte jedoch, uns würde mehr Zeit bleiben. 02.10.2022. Der Tag, an dem Stefan seine letzte Ruhe fand. Seine Familie und ich schrieben liebevolle Zeilen. Er hatte ihnen von mir erzählt und es war ihm wichtig gewesen, dass er noch genau wusste, dass ich wenige Tage zuvor bei ihm gewesen war. Diese Gewissheit gab mir so viel. Ich werde die gemeinsame Zeit und die Kraft, die aus dieser Verbindung hervorgegangen ist, nie vergessen. Mein Herz trägt nun zwei Kämpferseelen in sich. Ich werde unseren Kampf gemeinsam bis zum Ende kämpfen, das Tattoo für uns stechen lassen und das nächste Bier nur auf uns trinken. Danke, dass ich dich als wundervollen Menschen und Kämpfer kennenlernen durfte. Danke, Stefan.

Der Wunsch nach Heilung ist schon immer die Hälfte der Genesung.
(Hippolytus)

Alles auf Anfang

An einem Freitag ging es wieder ins Krankenhaus zum Start der ABVD-Chemotherapie. Dem Teil der Chemotherapie, der besser und leichter verträglich sein sollte, als die BEACOPP-Chemo. Unter der BEACOPP-Chemo hatte ich einige Nebenwirkungen, durchlebt, aber es war erträglich gewesen. Ich würde wieder eine Nacht stationär zur Beobachtung bleiben. Ich war es so leid, immer wieder Nächte im Krankenhaus verbringen zu müssen, auch wenn ich schon viele großartige Menschen kennengelernt hatte. Beim Aufnahmegespräch erwähnte ich diesmal, dass mein rechter Arm dicker als gewöhnlich sei und seit ein paar Tagen schmerzte. Ich hatte nachgemessen und mein rechter Arm war im Umfang zwei Zentimeter größer als mein linker Arm. Meine Venen waren deutlich zu erkennen.

Am frühen Nachmittag betrat mein behandelnder Oberarzt mit einem Ultraschallgerät mein Zimmer. Er schaute sich die Blutgefäße in meinem Arm an, drückte ein paar Stellen und kam dann zu der Diagnose, dass ich eine Thrombose habe. Panik kam in mir hoch. Ich sollte von nun an zweimal täglich Gerinnungshemmer nehmen. Niemand hatte mir zuvor gesagt, dass sich bei bis zu fünfzig Prozent aller porttragenden Patienten kleinere Thrombosen und bei circa fünfzehn Prozent ausgeprägte und potenziell lebensbedrohliche Gefäßverschlüsse im Bereich der Portkatheter führenden Venen bilden. Meine Thrombose reichte von der großen Vene im Bereich der Achselhöhle bis zur Vene im Hals- und Kopfbereich. Wie so oft, gab mir der Oberarzt aber durch seine ruhige Art die nötige Sicherheit, um mit der Situation umgehen zu können. Am Nachmittag wurde dann der Infusionsständer mit meinen Chemos ins Zimmer gerollt. Es waren nun eine rote Chemo, ein kleiner klarer Beutel und eine große Flasche neben der Lösung zum Durchspülen. Wir starteten mit der Aperol Chemo, ein Cocktail zu Beginn ist doch nie verkehrt. Danach folgte der kleine Beutel und zum Schluss dann der große Beutel.

Ich erwachte, von einem Zittern an meinem ganzen Körper.

War ich eingeschlafen? Wann war ich eingeschlafen?

„Hast du Schüttelfrost?", fragte mich eine Ärztin.

Ich wusste es nicht. Ich konnte mich nicht mal daran erinnern, wann und wie ich eingeschlafen war. Mir war auch nicht richtig kalt, aber meine Zähne klapperten und meine Hände und Beine zitterten. Ich konnte mich nicht beruhigen. Mich überkam eine innere Unruhe. Ich hatte Fieber, wie sich herausstellte. Es stieg schnell an. Die Chemo wurde sofort gestoppt und ich erhielt Paracetamol als Infusion. Ein paar Minuten später wurde das Zittern besser. Die Ärztin kam zu mir und erklärte mir, dass sie die Chemogabe für heute abbrechen würde. Meine Reaktion wäre zu schlimm gewesen. Man würde den Rest der Chemo verwerfen und ich sollte mich erholen. Den Rest des Tages verbrachte ich im Bett, zu geschwächt, um wie gewöhnlich etwas über die Station zu laufen.

Es gibt Berge, über die man hinübermuss, sonst geht der Weg nicht weiter.
(Ludwig Thoma)

Ende gut, alles gut?

Dann kam das PET-CT, eine Woche vor Weihnachten. Das PET-CT wurde mit meiner Computertomografie verbunden. Dafür wurde mir eine geringe Menge radioaktiver Zucker injiziert. Nach etwa einer Stunde wurden dann Aufnahmen von meinem Körper - Kopf bis Oberschenkel - erstellt, um zu erkennen, ob Teile von Tumoren noch leuchten oder alles zerstört wurde. Die nächsten Tage und Wochen hieß es Abwarten und Tee trinken, bis zu dem Ergebnisgespräch. Die Dame am Telefon war bei der Terminvergabe ganz verlegen gewesen, weil sie mir erst für Januar einen Termin geben konnte. Ich wollte das Ergebnis aber gar nicht vor Weihnachten wissen, denn meine Sorge, mit der Gewissheit unter dem Weihnachtsbaum sitzen zu müssen, dass ich vielleicht noch eine Bestrahlungstherapie brauchen würde, war größer.

Am 03.01.2023 war es dann endlich soweit. Ich hatte meinen Besprechungstermin im Krankenhaus und ich war nervös, als ich mit Mama das Büro des Chefarztes betrat. Wir setzten uns und er bestätigte, was ich vorher schon aus dem Befundbrief entnehmen konnte: ICH HATTE KEINEN KREBS MEHR!!! „Jetzt vergessen Sie, was war, und machen weiter wie vorher.“ Die Worte des Chefarztes werde ich nie wieder vergessen. Und die Erkenntnis, dass ich nicht so weitermachen würde, wie vorher. Der Krebs hat mich viel gelehrt. Unter anderem auf meinen Körper zu hören, Signale ernst zu nehmen und an Körper und Seele zu arbeiten. Aber man kann nicht weitermachen wie vorher. Du fängst langsam wieder an Sport zu machen und fühlst dich, als hättest du dich noch nie in deinem Leben bewegt. Du hast Nebenwirkungen, die zeigen, was dein Körper durchgemacht hat. Dir fallen Aktivitäten nicht mehr so leicht wie vorher. Du brauchst Pausen. Der Kampf zurück ins Leben beginnt erst jetzt. Wäre es nicht sinnlos gewesen, alles durchzustehen, wenn alles wie vorher sein würde? Ich denke, es gibt Ereignisse in unserem Leben, die zum Umdenken bewegen, uns neue Wege aufzeigen und den Mut zur Veränderung schaffen.

Realisiert habe ich diesen Zustand erst Wochen später. Vor dem Krankenhaus habe ich geweint, weil die Last und Anspannung erstmal ein wenig von mir abfiel. Seit dem 03.01.2023 feiere ich meinen zweiten Geburtstag. Den der Überlebenden!

Was aber zu Verwunderung aller Ärzte verschwand, war meine Migräne. Mein letzter Migräneanfall war während der Chemotherapie. Nach Beendigung der Chemotherapie hatte ich auch ohne Medikamente keine Migräneanfälle mehr. Mein Neurologe konnte sich dieses Phänomen nicht so recht erklären. Seine Vermutung begründete sich darin, dass der Körper durch die Chemotherapie resettet, also sozusagen auf Null gesetzt wurde. Also Ende gut, alles gut?

Wenn du morgens aufwachst und gesund bist, dann hast du so ziemlich das Wertvollste, was es gibt.
(WRDPRN.com)

Happy End

Auch jedes (Krebs)Märchen endet einmal und ich finde, dieses Happy End kann sich sehen lassen. Nach all den Monaten voll Angst, Schmerz und Hoffnung, begann sich alles zu beruhigen. DER Alltag wird nie wieder einkehren, denn es wird nie wieder so sein, wie es mal war. Man führt leider kein unbeschwertes Leben mehr. Jeder, der behauptet, es wäre alles wieder gut, der irrt sich. Man lebt von nun an mit Ängsten, die sicher mit der Zeit weniger werden, aber sie sind nun mal da. Man ist sensibel für jede noch so kleine Veränderung an seinem Körper. Es gibt gute und es gibt schlechte Tage. Man trägt jetzt Narben an sich, die für jedermann sichtbar sind. Vor allem aber ist man sehr feinfühlig für das Thema Krebs. Auch im Alltag fallen einem mitfühlenden Menschen, wie mir, Personen ins Auge, die eine Mütze im Sommer tragen, Narben haben, krank aussehen oder über Krankenhausaufenthalte reden. Es ist eine andere Art von Mitgefühl. Ich kann diesem Menschen seine Last zu diesem Zeitpunkt nicht abnehmen, aber ich kann ihm das Gefühl geben, mit seiner Angst nicht allein zu sein. Krebs ist eine Krankheit, der wir uns so oft einfach ausgeliefert fühlen, machtlos und betäubt, die in uns aber auch unsere größte Stärke wecken kann, uns über uns hinauswachsen lässt und uns zeigt, dass wir mehr Kraft haben, als wir uns selbst jemals zugeschrieben hätten.

All das führte dazu, dass ich überlegte, wie man anderen Menschen in angstvollen und sorgenvollen Tagen, Wochen, Monaten ein wenig Hoffnung und Mitgefühl schenken kann. Beim Durchstöbern von Pinterest kam mir dann eine Idee. Perlenarmbänder. Nicht nur irgendwelche hübschen Perlenarmbänder, sondern Perlenarmbänder mit mutmachenden Worten. *Mut. Be positive. Du kannst. I will survive. Atme tief durch.* Als ich anfing Perlenarmbänder zu knüpfen, fielen mir die Perlen am Anfang immer wieder aus der Hand. Das Gefühl in meinen Fingerspitzen war nicht mehr so vorhanden wie vor meiner Chemotherapie. Aber Aufgeben war noch nie eine Option. Je mehr ich knüpfte, umso mehr begann ich, die Perlen zwischen meinen Fingern zu spüren. Es machte mir große Freude, schnelle Ergebnisse zu sehen. Nach und nach knüpfte ich ein Armband nach dem anderen. Ich bestellte goldene Organza Säckchen und fertigte Kärtchen an. Auf ihnen war folgender Text zu lesen: "Perlenzauber Mutmacharmbänder von Perlenzauber für dich. Ein Perlenarmband nur für DICH! Ganz besonders für alle starken Kämpfer! Und für alle anderen auch. Ich möchte euch eine kleine Freude machen und fertige Mutmacharmbänder an. Durch meine Chemotherapie habe ich mein Gefühl in den Händen beinahe verloren. Deshalb habe ich mit etwas gesucht, um das zu trainieren. Und es funktioniert. Die Perlenarmbänder sind kostenlos. Wenn du magst, würde ich mich über eine kleine Spende freuen, um noch mehr Menschen eine kleine Freude machen zu können. Du findest mich bei Instagram unter @Perlenzauber2023." Ich hoffe, dass noch viele Menschen meine Armbänder an Orten finden werden, an denen Hoffnung viel öfter zu finden sein sollte. Und wenn du mal ein goldenes Säckchen findest, mit einem meiner Mutmacharmbänder darin dann greif zu, denn dieses Armband ist nur für dich. **HAPPY END!**

ANN-KATHRIN HANSE

Die Autorin wohnt Mitten im Ruhrgebiet und erkrankte mit gerade mal 30 Jahren an Krebs. Sie hat es sich zur Aufgabe gemacht, Krebs nicht länger als ein Tabuthema zu behandeln und anderen Betroffenen Mut zu machen.